C'EST
ENCORE DU GUIGNON,

VAUDEVILLE EN TROIS ACTES,

PAR MM. E. CORMON et L. St-AMAND.

REPRÉSENTÉ POUR LA PREMIÈRE FOIS, A PARIS, SUR LE THÉATRE DE LA PORTE-SAINT-ANTOINE, LE 16 FÉVRIER 1837.

Arrêtez, barbier... vous m'éraillez le physique!..   (ACT. I. SCÈNE IV.)

PARIS,
NOBIS, ÉDITEUR, RUE DU CAIRE, N° 5.

—

1837.

Personnages.   Acteurs.

BENOIST.   MM. FOURNIER.
LEBLANC, perruquier.   FERDINAND.
NARCISSE, jeune premier du théâtre Mont-Parnasse.   HENRI.
M. RENARD, boucher.   BRAUX.
COCO, apprenti chez Leblanc.   Mmes BLIGNY.
Mme RENARD, épouse de Renard.   LUDOVIC.
CAROLINE, nièce de Leblanc.   EMMA.
NINI) actrices.   BARVILLE.
IRMA)   ADÈLE.
UN GARÇON DE RESTAURANT.   M.   ALFRED.

J.-R. MEVREL, Passage du Caire, 54.

C'EST ENCORE DU GUIGNON,

VAUDEVILLE EN TROIS ACTES.

ACTE I.

La boutique de Leblanc. — Devanture vitrée donnant sur la rue ; à gauche, un comptoir et une porte conduisant à la chambre de Caroline ; à droite, une autre porte donnant dans la cour de la maison ; au fond de la boutique, au-dessus de la porte, on lit cette inscription : AU RASOIR D'APOLLON. LEBLANC, RASE, COEFFE ET VA-Z-EN VILLE.

SCÈNE I.

CAROLINE, assise dans le comptoir ; COCO, arrivant du dehors.

CAROLINE, elle a une brochure à la main.

Eh bien ! Coco, as-tu vu les affiches ?

COCO.

Oui, mamzelle.

CAROLINE.

Que joue-t-on ce soir au Mont-Parnasse ?

COCO.

FRÉTILLON.

CAROLINE.

Oh ! la jolie pièce ! le beau rôle !.. comme j'aimerais à y débuter ! Parlez-moi de ces ouvrages-là... on y rit.... on s'y amuse, et puis c'est moral.

Air de l'Artiste

Dans vos grands mélodrames
Où l'on s'arrach' les yeux,
On voit des méchant's femm's...
Mais là tout est bien mieux ;
Frétillon nous indique,
Dans plus d'un gai refrain,
L'art de mettre en pratique
L'amour de son prochain.

Et d'abord, moi, j'aime mon prochain.

COCO.

Dites donc, mamzelle, en v'là un.

CAROLINE.

Un quoi ?

COCO.

Un de prochain.

CAROLINE.

Où ?

COCO.

Pardine, là ? (Il lui montre Benoist qui, pendant le couplet, est venu se coller aux carreaux de la boutique.) Est-ce que vous ne voyez pas, entre deux têtes à perruques, une troisième tête qui vous dit bonjour ?

CAROLINE.

C'est lui... ce pauvre Benoist !.. je n'ose vraiment pas lui faire signe d'entrer... si mon oncle descendait et le trouvait ici !...

COCO.

C'est vrai que le patron n'a pas l'air de l'affectionner beaucoup.

SCÈNE II.

LES MÊMES. BENOIST, il entr'ouvre la porte du fond et passe seulement la tête.

BENOIST.

Y est-il ?

COCO.

Non.

BENOIST.

Alors, je peux entrer.

Il entre. Il porte une casquette. Ses manches sont relevées, ses bras et ses mains sont jaunes, il a un gros tablier de cuir.

CAROLINE.

Mon Dieu!.. si mon oncle vous voit, quelle scène!.. il vous chassera!..

BENOIST.

Ceci est encore dans les choses possibles. Le vieux rageur! il a bien eu la cruauté de me congédier sans aucune considération pour mon amour, mon physique et mes 1.200 livres de rentes. Lui! un misérable perruquier, mépriser le fils d'un riche tanneur!.. ça révolte...ça combustionne... c'est-à-dire que je déssèche... pour peu que ça marche de ce train-là une douzaine d'années... je serai réduit à l'état humiliant d'une peau de buffle!

CAROLINE.

Pauvre garçon!

BENOIST.

Mais ça m'est égal, Caroline; ils ont du cœur les fils de tanneurs!.. et avec du temps... et de la patience... Je suis entêté d'abord...

CAROLINE.

Et moi, je vous aime... Benoist!

BENOIST.

Oh! comme elle dit ça gentiment!.. Benoist! (*Il lui baise la main avec transport.*) Il t'appartiendra tôt ou tard ce nom de Benoist... il t'appartiendra avec celui qui le porte!..oui!..oui!.. soit un jour, soit un autre, je t'épouserai... je l'ai mis dedans ma tête et ça sera!

CAROLINE.

Vouloir désunir deux amans si bien faits l'un pour l'autre et pour me faire épouser qui?.. je vous le demande... un Gros-Clou!

BENOIST.

Hein?

CAROLINE.

C'est le nom du prétendu!

BENOIST.

Perruquier de malheur! viens donc!.. oui, viens!.. je me sens capable de tous les excès possibles!

Air du Château de la Poularde.

Oui l'existence est pour moi le néant,
Sans Carolin' mon amante chérie,
Or comm' tout l' mond' j'ai l' droit c'est évident,
De protéger, de défendre ma vie.
  Aussi sans crainte, sans regrets,
  Je sens qu' dans ma fureur extrême,
  A tes vieux jours j'attenterais;
Puisqu'en c' moment, babare, tu voudrais
  M'enl'ver la moitié de moi-même!

COCO.

Le voilà.

BENOIST, furieux.

Lui! lui!.. je me sauve, uniquement par égard pour vous, Caroline; mais je reviendrai. (*A la porte.*) Avec du temps et de la patience!

Il s'éloigne.

SCÈNE III.

CAROLINE, au comptoir, COCO, travaillant, puis LEBLANC.

CAROLINE.

Comme il m'aime! il n'est pas positivement beau... mais M. Gros-Clou est si laid!

LEBLANC, à part en entrant.

J'ai entendu une voix masculine qui m'a semblé appartenir à un homme. (*Haut.*) Vous n'étiez pas seule, Caroline?

CAROLINE.

Absolument seule, mon oncle.

LEBLANC, à part.

Ma nièce n'est pas dans cet état de calme qui convient à une jeune fille, si j'ose m'exprimer ainsi. (*Haut.*) Coco?

COCO.

Patron ?

LEBLANC.

Va vite au théâtre, voici l'heure ; tu me remplaceras pour ce soir, auprès de ces dames.

COCO.

Elles vont encore me renvoyer.

LEBLANC, le poussant.

Dépêchons, raisonneur. (Coco sort.) A vous voir, ma nièce, on dirait que vous n'êtes pas dans cet état de calme...

CAROLINE, regardant dans la rue.

Moi!.. mon oncle... au contraire !

LEBLANC.

Pourquoi plonger ainsi vos regards dans la rue? pourquoi vous occuper des passants? ces manières-là sont bonnes pour une grisette... et non pour la nièce de Barnabé Leblanc, qui coiffe tout ce qu'il y a d'un peu propre dans le douzième arrondissement; songez que M. Gros-Clou, homme recommandable par son mérite et sa fortune, veut bien, en vous donnant sa main, vous faire partager l'un et l'autre.

CAROLINE.

Il vous l'a fait accroire.

LEBLANC.

On ne m'en fait jamais accroire, ma nièce.

CAROLINE, à part.

Jamais... jamais... (Haut.) Eh bien! je vous dis, moi, que je n'épouserai pas ce vilain homme.

LEBLANC.

Vilain homme! le propriétaire de la plus belle maison de la cour des Patriarches !

CAROLINE.

Il est laid comme les sept péchés mortels.

LEBLANC.

Un marchand de chiffons retiré des affaires !

CAROLINE.

Il est vieux... mal fait, mal bâti !

LEBLANC, impatienté.

Tu l'épouseras !..

CAROLINE.

Je vous dis que non.

LEBLANC.

O! entêtement féminin !

CAROLINE.

Je me sauverai plutôt.

LEBLANC.

Nièce denaturée !

CAROLINE.

Tiens... vous me tenez renfermée comme un oiseau dans une cage !.. mais je vous préviens que l'oiseau finira par s'envoler. (En ce moment, Benoist paraît dans la rue.) Oui... oui... il s'envolera !

(Leblanc qui s'est retourné en même temps que sa nièce, aperçoit aussi Benoist qui se promène les bras croisés devant la boutique.)

LEBLANC.

Ah! je vois ce que c'est !.. le voilà le misérable qui est cause de la révolte d'une nièce contre la légitime autorité de son oncle et tuteur !.. oui, oui... regarde, regarde... Mais Dieu me pardonne !.. je crois qu'il ose lui faire des signes !..

CAROLINE.

Vous oubliez que la rue est à tout le monde.

LEBLANC.

C'est juste !.. aussi qu'il y reste dans sa rue! qu'il compte les pavés si ça lui fait plaisir... mais qu'il ne franchisse jamais le seuil de cette porte !.. ou si non !..Rentrez, Caroline, rentrez...

AIR dernière pensée de Wéber.

Je dois, mam'zell', vous soustraire,
En bon oncle, en bon tuteur.

Aux regards d'un téméraire
Qui doit craindre ma fureur.
CAROLINE.
T'auras beau dire et beau faire,
Monsieur mon oncle et tuteur,
Je saurai bien me soustraire
Au joug qui fait mon malheur.

(Benoist s'avance. Leblanc a reconduit sa nièce jusqu'à sa chambre dont il ferme la porte.)

SCÈNE IV.

LEBLANC, BENOIST, à part.

BENOIST.

De l'aplomb !

LEBLANC.

Maintenant, le Benoist peut rôder tant qu'il voudra... je me moque de lui, si j'ose m'exprimer ainsi.
(En ce moment, il se retourne et se trouve nez à nez avec Benoist qui lui répond fort tranquillement.)

BENOIST.

Osez !.. ne vous gênez pas !

LEBLANC, après un temps.
Comment, c'est encore toi !

BENOIST, s'asseyant.

Mais, dam !..

LEBLANC.
Sors, à l'instant... mauvais sujet !..

BENOIST.

Non, non, non...

LEBLANC, le menaçant.
Ah ! c'en est trop... je suis hors de moi !

BENOIST, se levant.
Rentrez-y vieillard... rentrez-y et écoutez... (Il prend Leblanc d'une main et de l'autre il lui montre l'inscription.) « Au rasoir d'Apollon !.. Leblanc, rase, coiffe, et va-z-en ville. » d'après cette annonce de raser quiconque se présentera ici, quels que soient, d'ailleurs, ses qualités, son rang, son âge et son sexe, je me présente (Il tend le cou.) Vous comprenez ?.. (A part.) Tu peux te flatter de bisquer un peu... (Leblanc est immobile de fureur, Benoist lui frappe sur l'épaule.) J'attends, barbier !..

LEBLANC, à part.
Si je pouvais étrangler ce gaillard-là !.. mais non; le guerrier se doit à sa patrie... le garde national à son fourniment... le barbier au public et à son inscription.

BENOIST.
Marmotte, va !.. marmotte !.. vieux singe !..

LEBLANC.
Attends !.. je vais t'en faire une barbe... (Il va prendre au comptoir tout ce qui lui est nécessaire.) C'est ça, mon plus mauvais rasoir... une vraie scie... et du vieux savon !.. Ah ! tu prétends lutter avec moi !.. il t'en cuira, malheureux !.. (Il s'approche de Benoist et lui met la serviette au cou.)

BENOIST.
Aye... aye !.. vous m'étranglez !..

LEBLANC.
Puisse-tu dire vrai.

BENOIST.
Prenez garde !.. (Leblanc couvre de savon la figure de Benoist.) Vous m'en mettez dans les yeux !...

LEBLANC.
Fermez-les, vous n'avez rien à voir, ici !..
(Il prend son rasoir et le repasse sur sa main.)

BENOIST, à part.
Air : Restez, restez, troupe joyeuse.

Grand Dieu !.. de quel air il repasse,
Ce rasoir qui me fait frémir.

En ce moment, de mon audace.
Je commence à me repentir;
D'ici, je voudrais bien sortir !
LEBLANC, le rassied.
Je vais punir son insolence ,
Je serais un sot... c'est certain,
De renoncer à la vengeance ,
Quand je la trouve sous ma main.

(Leblanc commence à le raser.)

BENOIST.
Arrêtez, barbier, arrêtez... vous m'éraillez le physique!..

SCÈNE V.

LES MÊMES, COCO, accourant.

COCO.
Patron!.. patron!..

BENOIST , à part.
Ah! c'est le ciel qui envoie ce gamin !

COCO.
Je vous disais bien qu'on me renverrait... Mlle Nini ne veut confier sa
tête qu'à vous; si vous n'y allez pas tout de suite, elle envoie chercher votre voisin Toupet.

LEBLANC.
Mon odieux rival!.. comment faire?.. perdre une excellente pratique,
ou laisser ici cet être malfaisant!..

BENOIST, à part.
Oh! mais, va-t-il?.. va-t-il?

LEBLANC.
Ah! une idée.   (A Coco.)

AIR : Accourez tous. (du Philtre)

As-tu bon œil et bonne oreille?
COCO.
Le tout est d'premièr' qualité.
LEBLANC.
Eh bien! alors, écout' surveille ,
Je paierai ta fidélité !
(Plus bas.) Finis d' raser ce téméraire...
Tu m' diras tout quand j' r'viendrai.
BENOIT, à part, toujours assis.
C'est la barb' que tu voulais m' faire ,
C'est la queu' que j' te ferai !

ENSEMBLE.

Qu'il ait bon œil et bonne oreille ,
Ça m'est égal en vérité ;
Je vais de peur qu'il ne m' surveille ,
Endormir sa fidélité.
LEBLANC.
Puisque ton œil et ton oreille ,
Sont de première qualité ,
Observe tout, écout' surveille ,
Je paierai ta fidélité.
COCO.
Oui , j'ai bon œil et bonne oreille ,
Le tout de premièr' qualité ;
Il faut ici que je surveille ,
Pour prouver ma fidélité.   (Leblanc sort.)

SCÈNE VI.

BENOIST, COCO.

BENOIST, se levant.
Tu vas fermer les yeux.

COCO.

BENOIST.
Impossible !

BENOIST.
Si je te les bouche ?

COCO.

Alors...

BENOIST.

Tiens, ce monarque tout neuf.

COCO.

Une pièce de vingt sous.

BENOIST, la lui plaçant sur l'œil droit.

Elle est à toi !

COCO.

J'y vois encor de l'œil gauche.

BENOIST.

O ! cupide moutard ! (Il tire une autre pièce qu'il lui met sur l'œil gauche.) Et maintenant ?

COCO.

Nuit complette.

BENOIST.

Reste donc à la porte et fais sentinelle.

<h2 align="center">SCÈNE VII.</h2>
BENOIST, CAROLINE.
BENOIST, à la porte de Caroline.

Caroline !

CAROLINE, paraissant.

Benoist ! comment, dans cet état !.. (Elle éclate de rire en voyant Benoist, la figure couverte de savon, et la serviette autour du cou.)

BENOIST, vexé.

Vous riez, Caroline, vous riez de moi.

CAROLINE.

C'est que vous êtes si drôle !

BENOIST.

Drôle ! drôle !

CAROLINE.

N'allez-vous pas vous fâcher ?.. méchant !

BENOIST.

Oh ! méchant !   (Il va pour lui baiser la main.)

CAROLINE.

Prenez donc garde, vous allez me couvrir de mousse !

BENOIST.

Les instans sont précieux, ma chère amie, il faut en profiter... j'ai 24 ans, un physique original... vous le voyez... et de plus 1200 livres de rentes... or, je mets tout cela à vos pieds, avec ma main.

CAROLINE.

J'accepte.

BENOIST.

Tu acceptes ! (Il va pour l'embrasser; Caroline le repousse.) Je t'enlève ce soir !

CAROLINE.

O ciel !

BENOIST.

Ton grigou d'oncle ne te donnera jamais rien, pas même son consentement... il faut nous en passer... ce soir à dix heures, pendant que tout le monde dormira, je pénètre ici à l'aide d'un passe-partout que tu vas me remettre... trois coups dans ma main, tu descends, nous partons par cette petite porte, nous montons en fiacre, et fouette cocher ; nous courons nous faire légitimer dans une ville éloignée, Rome, Constantinople ou Villejuif, n'importe.

COCO, qui a entr'ouvert la porte et qui écoute.

Ah ! bien !

BENOIST.

De cette façon, je t'arrache des griffes d'un oncle imbécile.

COCO.

Ah ! bon.

CAROLINE.

Mais... je ne sais si je dois...

BENOIST.

Vingt-quatre ans, un physique original... plus 1200 livres de rentes, ou bien... le... Gros-Clou.

CAROLINE.

Plutôt la mort!

BENOIST.

C'est convenu?

CAROLINE.

A dix heures!

ENSEMBLE.
Air : Quel repas !
A ce soir,
Doux espoir :
Vers
Ma   Caroline,

Accours
J'accours   en citadine.
Oui, ce soir,
Doux espoir ;
Loin de ces lieux,
Nous fuirons tous les deux !

BENOIST.
Pour enlever cell' qui m'est chère ..
CAROLINE.
Pour former un' douce union...
BENOIST.
Je quitte les cuirs de mon père !..
CAROLINE.
Et moi le rasoir d'Apollon !..

REPRISE DE L'ENSEMBLE.
A ce soir,
Doux espoir ;   etc.

COCO, accourant.

M. Leblanc!

BENOIST.

Le passe-partout.

CAROLINE.

Le voici !   (Elle se sauve dans sa chambre.)
BENOIST, allant se rasseoir.
O! Dieu de cythère! sans aucun doute, je suis ton favori.
(Coco paraît achever de le raser.)

SCÈNE VIII.
BENOIST, COCO, LEBLANC.
(Leblanc considère alternativement Coco et Benoist.)

LEBLANC.
Toujours à la même place !.. ceci est louche. (Il s'avance et regarde Benoist
sous le nez.) Et à moitié rasé !
BENOIST, se levant.
Tu finiras demain.
LEBLANC.
Ceci est invraisemblable !
BENOIST, après avoir remis sa cravatte, passe avec fierté devant Leblanc qui se contient
à peine.
Au comptoir, s'il vous plaît.

Air de Gribouille.
Voilà deux sous !
LEBLANC.
Quelle insolence !
BENOIST, à part.
Tu prouves bien, ô passe-partout.
Qu'avec du temps et d' la patience.
Le tanneur vient à bout de tout.

LEBLANC.
Deux sols!.. excès d'humiliation !   (Il les met dans sa poche,

ENSEMBLE.

Oui, pour moi, le bonheur commence;
Tu prouves bien, etc.

LEBLANC.

Faut-il subir tant d'insolence!
Le monstre me poursuit partout:
Mais qu'il tremble! ma patience,
Est, je le sens, bientôt à bout!

BENOIST, en sortant.

Au revoir, barbier! ils ont du cœur, les fils de tanneurs.

(Leblanc va pour se jetter sur lui, Benoist se sauve en courant.)

SCÈNE IX.

COCO, LEBLANC.

LEBLANC, à Coco avec menace.

Si tu mens, je te calote! Tu n'as rien vu?

COCO.

Non.

LEBLANC.

Rien entendu?

COCO.

Non.

LEBLANC.

Si tu mens, je te calote.

COCO, à part.

Au fait, on m'a bouché les yeux, mais pas les oreilles.

LEBLANC.

Eh bien?

COCO.

Il l'a vue, et il lui a dit des choses...

LEBLANC.

Comment des choses!.. et tu ne pouvais pas l'en empêcher!

COCO.

Tiens... moi qu'est pas fort du tout.

LEBLANC.

Enfin, qu'a-t-il dit?

COCO.

Un physique original... 1200 livres de rentes, Constantinople, Villejuif...
un fiacre... dix heures... et un oncle imbécile.

LEBLANC, le prenant à la gorge.

Hein? qu'est-ce que c'est?

COCO.

Pas moi qu'a dit ça, patron.

LEBLANC.

Plus de doute!.. un projet de séduction et d'enlèvement!..

(Il se promène dans la plus grande agitation.)

COCO, à part.

L'oncle imbécile l'a choqué!

(La nuit commence à venir, et Coco allume des flambeaux.)

SCÈNE X.

LES MÊMES, NARCISSE, il arrive en courant.

NARCISSE.

AIR : Vite, Marie, à ma toilette.

Vive, vive la comédie!
Est-il un art plus enchanteur?
Pour employer gaîment la vie,
Rien de mieux que d'être acteur.
Chaque jour,
Tour à tour,
Tromper les amans jaloux,
Faire damner les époux;

Comme un silphe léger,
Courir et voltiger.
Vive! vive la comédie! etc.

Bonjour, papa Leblanc!

LEBLANC, préoccupé.

Serviteur, M. Narcisse.

NARCISSE.

La santé?

LEBLANC, de même.

Parfaite... et la vôtre?

NARCISSE.

Oh! la mienne... vaporeuse... délirante... j'embellis l'existence du matin au soir, et du soir au matin... vite... vite... Leblanc, des papillotes... un coup de fer et du philocôme... à mort du philocôme!..

LEBLANC.

Vous ne jouez donc pas, ce soir?

NARCISSE.

J'ai relâche... relâche absolue... par extraordinaire... aussi... enfoncée. la recette!.. un four complet!..

AIR : Je loge au quatrième étage

Au Mont-Parnasse, sans partage,
Dans l'emploi de jeune premier,
Chaque soir je reçois l'hommage
Des belles de notre quartier...
Je suis le sultan du quartier!
Heureux amant sur le théâtre.
J'achève, le rideau baissé,
Près d'un sexe qui m'idolâtre,
Ce qu'en scène j'ai commencé!

(Pendant ce couplet, Leblanc a pris un peigne Narcisse est assis : on le coiffe)

LEBLANC.

Vous en ferez donc toujours, des passions?

NARCISSE.

Que voulez-vous?.. c'est une conséquence nécessaire de l'organisation voluptueuse dont la nature m'a doué!.. Epicières, limonadières, boulangères, lingères, fruitières, charcutières et mercières... toute la population féminine du douzième arrondissement raffole de moi... Soignez ma touffe de droite. Aussi, épiciers, limonadiers, boulangers... toute la population mâle me déteste, m'abomine... Crêpez-moi ferme à gauche... C'est pour ça que je sors toujours armé... ce qui ne m'empêche pas de temps à autre. de recevoir certaines...

LEBLANC.

Certaines piles.

NARCISSE.

Ah! ce mot! fi!..

LEBLANC.

Hum!.. si je pouvais en appliquer une...

NARCISSE.

Aïe! aïe!.. prenez donc garde!..

LEBLANC.

Ne faites pas attention... c'est la colère où je suis contre ce scélérat de Benoist.

NARCISSE, vivement.

Benoist?..

LEBLANC.

Le vaurien!.. vous le connaissez?

NARCISSE.

Oh! il m'a joué un tour... il m'a sifflé!

LEBLANC.

Eh bien! figurez-vous que ce renégat...

NARCISSE.

Aime votre nièce, et s'en est fait aimer?..

LEBLANC.

Juste,... et aujourd'hui. non seulement. il est cause que ma nièce refuse un parti superbe, mais encore il médite un enlèvement!

NARCISSE.

Un enlèvement !..

Air de Turenne

Enl'ver à son oncle une nièce !

LEBLANC.

Ah! si du moins, j'étais sûr à ce prix-là,
Qu'ell' ne fût plus à charge à ma tendresse !
Mais l'infâme l'enlèvera,
Et puis après me la rendra.

NARCISSE.

Ah! dam! papa Leblanc, c'est possible !..

Quand nous autres célibataires
Nous empruntons des femm's ou de l'argent,
Nous gardons le dernier, bien souvent,
Nous rendons toujours les premières.

LEBLANC.

Ah! si je pouvais trouver moyen de déjouer leur complot.

NARCISSE.

Faites partir votre nièce.

LEBLANC.

Où l'envoyer?

NARCISSE.

N'avez-vous pas quelques parens, quelques amis, à la garde desquels vous puissiez la confier?

LEBLANC.

J'ai bien ma sœur Athénaïs, une femme de cinquante ans... d'une vertu rigide.

NARCISSE.

Comme toutes les femmes de cinquante ans...

LEBLANC.

Une marchande de modes en chambre et à principes austères.

NARCISSE.

Comme toutes les marchandes de modes, voilà votre affaire.

LEBLANC.

Au fait, l'excellente idée que vous avez eue là !..

NARCISSE.

Pardieu !.. je voudrais bien voir qu'un comédien fût jamais embarrassé !

LEBLANC.

Chut ; la voici !..

SCÈNE XI.

Les Mêmes, CAROLINE.

NARCISSE.

Eh bien !.. aimable Caroline !.. nous faisons donc le petit lutin?

CAROLINE.

Je ne vous comprends pas, monsieur.

NARCISSE.

Bon !.. l'ami Leblanc m'a tout conté... Refuser un parti superbe... un propriétaire.

LEBLANC.

Marchand de chiffons retiré.

CAROLINE.

Je n'ai point de goût pour le mariage, monsieur.

NARCISSE, à part.

Elle est vraiment charmante ; et ce Benoist... oh! non !.. Haut. Mais à votre âge une jeune fille doit aimer.

CAROLINE.

Oh! monsieur, j'aime aussi... Mouvement menaçant de Leblanc. Les arts... la littérature... le théâtre !

LEBLANC.

Autre turpitude! Mademoiselle fréquente le parterre du Mont-Parnasse, sans moi... sans la protection paternelle du bras de son oncle.

CAROLINE.

Mais...

LEBLANC.

Taisez-vous. Mademoiselle peuple mon domicile de pièces à trois, quatre et six sous, et se livre en secret à leur coupable lecture... elle apprend des rôles... elle veut débuter!..

NARCISSE.

Dans quel emploi?

CAROLINE, baissant les yeux.

Les amoureuses tristes.

NARCISSE, bas et lui prenant la main.

Eh! mais... je vous protégerai...

CAROLINE, de même.

Vraiment!..

NARCISSE, lui baisant la main.

Ma parole. (Haut.) Allons, papa Leblanc, ceci n'est pas aussi grave que vous le dites. Le goût des arts peut fort bien s'allier avec celui du mariage... et vous, mademoiselle, songez qu'un mari ne se refuse jamais...

LEBLANC.

Bravo!

NARCISSE.

Air : Valse de Robin des bois.

Sans adieu, belle Caroline,
Surtout quittez cet air boudeur,
Ce mari qui tant vous chagrine,
Serait votre libérateur.

CAROLINE.

Monsieur ce n'est pas lui que j'aime.
Vous comprenez?

NARCISSE.

Ma chère enfant,
Qu'importe!.. épousez-le de même :
Vous serez riche et lui sera... content.

Caroline, je vous le répète, je vous protégerai.

ENSEMBLE.

Sans adieu, etc.

CAROLINE, à part.

Ce mari bien peu me chagrine ;
Benoist possède seul mon cœur,
Et de ces lieux que j'abomine,
Je vais sortir, ah! quel bonheur!

LEBLANC.

J'espère que ma Caroline
Quitt'ra ce vilain air boudeur;
Ce mari qui tant la chagrine,
Deviendra son libérateur.

(Aussitôt que Narcisse est sorti, Coco ferme les volets de la boutique, puis la porte.)

SCÈNE XII.

COCO, LEBLANC, CAROLINE.

LEBLANC, à part.

Maintenant, dissimulons.

CAROLINE.

Mon oncle, est-ce que vous ne songez pas à vous retirer?

LEBLANC.

Pas encore.

CAROLINE.

Il est pourtant bien tard...

LEBLANC.

Pas encore dix heures.

COCO.

Patron, la boutique est fermée.

LEBLANC.

C'est bien.   (Il lui dit quelques mots à l'oreille.)

COCO.

Suffit, Patron.   (Il sort.)

SCÈNE XIII.

LEBLANC, CAROLINE.

(Leblanc va mettre le verrou à la porte du fond.)

CAROLINE, à part.

Voyez un peu s'il ira se coucher.

LEBLANC.

Dis donc, Caroline, tu sais que c'est la semaine prochaine, la noce de ta cousine Labiche.

CAROLINE.

Oui, mon oncle.

LEBLANC.

Je suis témoin... toi, demoiselle d'honneur.

CAROLINE, à part.

Plus souvent que j'irai!

LEBLANC.

Tu y verras le sieur Gros-Clou... propriétaire...

CAROLINE, prenant une lumière.

Adieu, mon oncle... vous ne m'en voulez plus, n'est-ce pas?..

LEBLANC, l'embrassant sur le front.

Tu es si gentille!

CAROLINE.

Adieu, mon petit oncle.   Elle rentre dans sa chambre.

SCÈNE XIV.

LEBLANC, seul.

(Il a accompagné Caroline jusqu'à sa porte ; dès qu'elle est rentrée, il la ferme à double tour.)

Voilà qui me répond de vous, ma mignonne... et de votre vertu... si j'ose m'exprimer ainsi. Ah! ah! tu voulais t'envoler!.. mais l'heure s'avance... (On entend sonner dix heures.) Voici l'instant!.. (On entend le bruit d'une clé qui tourne dans la serrure.) Oh! oh!.. déjà!.. quelle exactitude!...

Il souffle les bougies. Le théâtre est dans l'obscurité.

SCÈNE XV.

LEBLANC, BENOIST.

BENOIST, sans voir Leblanc qui se cache dans l'ombre.

Rien... il dort le barbier... et moi je veille... je vais entrer en possession de la plus séduisante des femmes.

LEBLANC, à part.

Je t'en donnerai des femmes séduisantes!

BENOIST.

Rien ne peut faire manquer mon projet.

LEBLANC, à part.

Non, c'est le chat!

BENOIST.

Toutes mes mesures sont prises... j'ai dans mon fiacre tout ce qui peut être utile quand on enlève une femme... de l'eau de cologne contre les évanouissemens... des mouchoirs pour étouffer les cris...

LEBLANC, à part.

Oh! le scélérat!..

BENOIST.

Hein?.. Il écoute. C'est un zéphir!.. Il s'approche de la porte de Caroline. Donnons le signal.   (Il frappe trois petits coups dans sa main.)

LEBLANC.

Me voilà!..

BENOIST.

C'est le barbier... je suis pincé!..

LEBLANC.

Ah! tu pénètres chez moi!.. la nuit!.. au voleur! au voleur!..

Il saisit Benoist à la gorge.

SCENE XVI.

Les Mêmes, Voisins, Voisines, Sergens de ville, puis Coco, puis CAROLINE.

CHOEUR.

Air de la Muette.

Un voleur ici, dans la nuit,
Furtivement s'est introduit.
Allons, sergens, sans plus de bruit,
Vite, au poste, qu'il soit conduit !

LEBLANC.

Sergens... emparez-vous de cet homme-là, c'est un voleur.

BENOIST.

Tu en imposes, vil faiseur de barbes... je ne suis point un voleur... je suis Anasthase Benoist, fils de Boniface Benoist, tanneur de père en fils, à l'enseigne du roi Clotaire !

LE SERGENT.

Silence, Clotaire.

BENOIST.

Benoist ! qu'on vous dit.

COCO, accourant

Patron, le fiacre est là qui attend.

LEBLANC, lui donnant une clé.

C'est bon... ouvre à ma nièce.

BENOIST.

Mais c'est mon fiacre... j'ai payé le cocher... je lui ai donné cinq centimes de pour-boire.

LE SERGENT.

Silence, Clotaire !

BENOIST, criant.

Benoist !.. vous êtes fatiguant, mon cher ami, avec votre Clotaire.

CAROLINE, paraissant.

Que vois-je, Benoist !..

BENOIST.

Oui... oui... c'est lui... qui est horriblement vexé de la situation ridicule, où l'a placé votre imbécile d'oncle.

COCO, à Leblanc.

Hein ! il le répète !..

LEBLANC.

C'est bon !.. (A Caroline.) Vous allez me suivre.

CAROLINE.

Où donc, s'il vous plaît ?

LEBLANC.

Vous le saurez en route... le fiacre est là.

BENOIST.

Tu le paieras, vieux ladre ; cocher, faites-le payer.

LEBLANC, à Caroline.

Allons, allons.

BENOIST.

Caroline... chère amante... je te recommande de m'aimer toujours, et de veiller sur mes mouchoirs, que tu trouveras, sous le coussin. Oh ! mais quel guignon ! quel guignon !..

CHOEUR.

Furtivement, pendant la nuit,
Il s'est dans ces lieux introduit ;
Allons, sergens, sans plus de bruit,
Vite, au poste, qu'il soit conduit.

Leblanc emmène sa nièce, les sergens entourent Benoist qui se débat. Tableau.

FIN DU PREMIER ACTE.

ACTE II.

Le jardin de Tonnelier, marchand de vin traiteur, barrière du Maine. Au fond, à droite
et à gauche, des bosquets avec des tables.

SCÈNE I.

CHŒUR D'OUVRIERS.

Air de la Tentation.

Buvons tous à plein verre,
Et vidons,
Ces flacons ;
Oublions not' misère,
Et chantons,
Gais lurons.

SCÈNE II.

BENOIST, seul.

Pendant le monologue de Benoist, les ouvriers finissent de boire et s'en vont.

Bien !.. fameux !.. quand je disais que ça finirait d'une manière équivo-
que !.. Huit jours d'écoulés et rien de neuf !.. ô Caroline !.. objet adoré d'une
manière peu usitée, j'ose le dire... je ne sais pas si tu le sais... mais voilà
un nombre illimité de pièces de vingt sols que je donne à Coco, sans que
le susdit moutard me donne le plus léger indice... non... mais c'est que tout
me tourne... enfin... tout-à-l'heure, désespéré... j'allais me jeter dans... la
tristesse la plus ridicule, quand je retrouve le cocher que devait me conduire au bonheur avec ma Caroline ; bon, que je m'dis : V'là que j'ai de la
chance... sur ce, je pince mon homme... je lui insinue qu'il me faut des
renseignemens.

Air de l'Apothicaire.

Nous entrons chez le marchand de vin,
Oh ! qu'y m' dit : j'connais vot' affaire,
Mais versez, je suis en chemin,
De m' souvenir... vite un second verre !
Moi j'emplis l' verre, croyant qu'au fond
Il va retrouver mon histoire ;
Mais mon gaillard perd la raison,
Et ne retrouv' pas la mémoire.

Finalement, je le laisse sous la table, lui et ses renseignemens... et me
voilà !.. est-il dieu possible de se voir dans une position aussi peu usitée
que la mienne !.. j'ai couru dans tout l'arrondissement... j'ai moisi chez
Desnoyers... je me suis desséché au Grand-Vainqueur... je suis resté chez
le Sauvage, assez de temps pour le civiliser... j'ai roulé, chez Tonnelier,
de bosquet en bosquet et rien... pas plus de Caroline que dessus la main...
Il me semble que j'ai besoin de prendre quelque chose... je me sens fai-
ble !.. Garçon !.. *Le garçon paraît.* L'amour ne nourrit pas... Un bifftaeck et
une bouteille à douze... je finirais par dépérir de chagrin... Avec des pommes de terres... Oh ! Caroline !.. Beaucoup de pommes de terre !..

Il entre dans le bosquet à droite.

SCÈNE III.

BENOIST, dans le bosquet, NARCISSE, entrant par le fond.

NARCISSE.

Garçon ! holà ! garçon !.. *Il regarde.* Ah çà ! mais... éclipse totale de garçons, visible chez Tonnelier, barrière du Maine, de trois à quatre heures
du soir... *Le garçon paraît.* Ah !.. ce n'est pas malheureux !.. Ici, Auguste...
avance à l'ordre... Pour ce soir, Auguste, il me faut un petit souper... là !
Il montre le bosquet à gauche. Comme hier soir.

LE GARÇON.

Comment, est-ce que c'est encore la même?

NARCISSE.

Non... non... pas si bête!.. ceci est une conquête solide... une pièce de résistance... elle n'est plus de la première jeunesse... mais, sa fortune compense ce qui lui manque de ce côté-là...

LE GARÇON.

Vous voulez dire ce qu'elle a de trop.

NARCISSE.

Farceur!..

LE GARÇON.

Est-elle en pouvoir de mari?..

NARCISSE.

Oui...

LE GARÇON.

Vous vous ferez assommer, M. Narcisse.

NARCISSE.

Allons donc!.. à huit heures précises, entends-tu?

LE GARÇON.

Sufficit!.. (Il sort.)

NARCISSE.

Illustre Mme Renard!.. opulente bouchère!.. vous ne valez pas mes petites grisettes!.. mais bast, qu'importe!.. Eh! mais... qu'est-ce que je vois donc?.. Une noce qui entre dans l'établissement!.. Dieu me pardonne... je reconnais le père Leblanc et sa charmante nièce!.. hum!.. si je pouvais profiter de la circonstance pour parler en cachette à la jeune personne!.. oui, mais il faudrait ne pas être vu... Ah! sous ce bosquet!..

(Il entre dans le bosquet à gauche.)

SCENE IV.

LEBLANC, CAROLINE, La Noce, BENOIST et NARCISSE, tous deux dans les bosquets.

CHOEUR.

Air du Maçon.

Ah! quel beau mariage,
Enfin, ils sont heureux ;
Ils feront bon ménage,
Tout comblera leurs vœux.

LEBLANC.

Messieurs et mesdames, en ma qualité de principal témoin des futurs conjoints et comme ordonnateur suprême des plaisirs de cette journée inappréciable, je vous invite à prendre vos ébats dans ces charmans bosquets; jusqu'à l'heure du charmant repas, si j'ose m'exprimer ainsi!

REPRISE DU CHOEUR.

(Pendant la sortie de la noce, Benoist s'est levé de table et il sort du bosquet. Leblanc se trouve dans le fond du théâtre et Caroline sur l'avant-scène.)

BENOIST, se trouvant nez-à-nez avec Caroline.

Oh!.. ah!.. c'est elle!..

CAROLINE.

C'est lui!..

NARCISSE, dans les bosquets.

Le tanneur!.. (Moment de silence.)

CAROLINE.

Mon oncle est là! (Benoist se sauve vite dans son bosquet.)

SCENE V.

LES MÊMES, moins **LA NOCE.**

LEBLANC.

Quel touchant spectacle que celui de la joie de ces jeunes époux!.. et le père!.. heureux père!.. ah! ma nièce!.. pourquoi ne l'avez-vous point voulu?.. je serais aujourd'hui, de tous les pères, l'oncle le plus heureux!..

CAROLINE.

Vous y voilà encore!..

LEBLANC.

Ma nièce, M. Gros-Clou était un parti solide.

BENOIST, à part.

Attachant, surtout!..

CAROLINE.

Je me suis déjà prononcée... je ne veux pas de lui.

BENOIST, dans le bosquet.

O femme chérie!..

LEBLANC.

Tu es une petite folle!.. eh bien! j'en ai un autre à te proposer... un huissier... jeune... joli garçon... et riche...

CAROLINE.

Je refuse...

NARCISSE, à part.

Elle est charmante!..

BENOIST, à part.

En v'là des sentimens...

LEBLANC.

Nous reparlerons de cela! j'ai besoin de me rafraîchir... garçon, un verre de rhum... sous ce bosquet.   (Il indique celui où se trouve Benoist.)

CAROLINE.

Sous ce bosquet!.. Y pensez-vous, mon oncle, vous isoler de tout le monde... cela ne serait pas honnête...

LEBLANC.

Tu as raison... en ma qualité de principal témoin des futurs conjoints... mon absence étonnerait... et boire seul... ne serait pas délicat... suis-moi, Caroline.

CAROLINE.

Avec plaisir, mon oncle.

BENOIST, à part.

Oh! vieux, va!..   (Caroline fait signe à Benoist de l'attendre là.)

NARCISSE, à part.

C'est ça!.. rendez-vous!.. fête complète! voyez-vous ce gros rustre!.. est-il heureux!..   (Leblanc s'éloigne avec Caroline.)

SCENE VI.

BENOIST, NARCISSE.

Benoist sort de son bosquet, et suit Caroline jusqu'au fond.

NARCISSE.

Morbleu! je suis vexé!.. oui... vexé de voir une si jolie petite femme aimer un pareil butor!.. mais je suis là, morbleu!.. et j'y mettrai bon ordre!.. tu m'as fait siffler... Anasthase Benoist... moi, je te ferai aller... te voilà en ma puissance. (Il regarde par derrière Benoist.) La petite revient!.. vite aux écoutes...   (Il rentre dans son bosquet.)

SCÈNE VII.

BENOIST, CAROLINE.

BENOIST.

Tendre amie!.. je te retrouve donc!.. ton oncle?..

CAROLINE.

Les garçons de noce se sont emparés de lui... je puis vous consacrer quelques minutes.

BENOIST.

D'où venez-vous?.. d'où sortez-vous?

CAROLINE.

Mon tyran m'a emmenée chez sa sœur, vieille femme aussi méchante que lui... et là... je suis restée en prison jusqu'à ce jour... la mariée est une de nos parentes: je suis demoiselle d'honneur, et depuis ce matin, mon oncle me casse la tête des joies du mariage et du mérite de M. Gros-Clou.

BENOIST.

Féroce comme la hyène, entêté comme le mulet... Continuez, Caroline.

CAROLINE.

Mais vous, Benoist, qu'êtes-vous devenu?

BENOIST.

Oh! mon amie, c'est ici où l'on reconnaît l'injustice de ce qu'on appelle vulgairement la justice... arrêté comme un filou, je fus conduit devant le commissaire; là, je déclare mes noms, prénoms et qualités... Anasthase-Desiré Benoist... fils de tanneur... tanneur lui-même... on écrit tout cela, et on m'envoie coucher...

CAROLINE.

Chez vous?

BENOIST.

En prison!.. oui... oui... en prison... jusqu'au lendemain, où mon innocence fut reconnue, et la scélératesse de votre oncle proclamée... mais, hélas! quel fut mon désespoir quand je revins me coller aux carreaux de la boutique... plus de Caroline... rien que la tête stupidement laide de notre persécuteur... Oh! alors!.. Caroline!.. j'allai droit chez la frutière!

CAROLINE.

Ah! mon Dieu!..

BENOIST.

Vous savez?.. la mère Giroflée! Là! je me procurai un boisseau et demi de charbon, dans le dessein de me périr!..

CAROLINE.

Quelle horreur!

BENOIST.

Le fourneau fatal allumé... je m'endormis sur ma couche en pensant à toi... chère amante!.. et le lendemain...

CAROLINE.

Eh bien! le lendemain?..

BENOIST.

Je m'éveillai à dix heures du matin, me demandant si j'étais déjà dans ma nouvelle patrie... dans le séjour des anges!..

CAROLINE.

Ah! vous m'avez fait peur!..

BENOIST.

Un simple chat avait brisé un des carreaux de papier qui ornent ma fenêtre... à ce signe certain, je me dis: Benoist!.. le ciel ne veut pas que tu meures!.. Et je vous revois!.. ô chat! ô chat!.. c'est grace à ta griffe bienfaisante que je retrouve celle que j'aime... aussi, je fais vœu de te fournir de mou... toi et ton intéressante famille... à toute éternité!..

CAROLINE.

Pauvre garçon!.. vous avez été bien malheureux, mais moi, je suis encore plus à plaindre... enfermée, surveillée...

BENOIST.

Eh ben! mais, ce que nous n'avons pu exécuter l'autre fois, peut-être qu'aujourd'hui...

CAROLINE.

Y pensez-vous? tout le monde de la noce...

BENOIST.

Quand il fera nuit, quand on dansera... rien de plus aisé.

CAROLINE.

Je suis bien coupable en vous écoutant, mais on me rend si malheureuse!

BENOIST.

Après la première contredanse... ici!

CAROLINE.

J'aurai mon manteau écossais, et mon voile baissé.

BENOIST.

Et moi, je mettrai... rien... mais je serai là!

CAROLINE.

Séparons-nous de peur d'éveiller les soupçons...

Air du Hussard de Felsheim

Oui, de son ombre tutélaire,
La nuit proteg'ra not' bonheur

BENOIST.

Et Benoist, ce soir, je l'espère,
Saura prouver qu'il a du cœur.

A ce soir donc, ô ma chère Caroline!

CAROLINE.

N'oubliez pas surtout, près de ces lieux :
D'faire avancer un fiacre...

BENOIST.

Une citadine !..
D'puis certain soir, l'fiacre m'est odieux!

ENSEMBLE.

Oui, de son ombre tutélaire, etc.

(Caroline s'éloigne par le fond, Benoist remonte la scène avec elle.)

SCÈNE VIII.

BENOIST, NARCISSE. sortant de la coulisse où il était caché.

NARCISSE.

M. Benoist!..   Il le salue.

BENOIST, se reculant.

Que vois-je!.. autre cauchemar!..

NARCISSE.

Singulier accueil, pour un ami.

BENOIST.

Un ami?.. vous?.. qui faites la cour à ma Caroline?

NARCISSE.

Erreur complète. M. Benoist... erreur; comme vous, jadis, j'ai rendu justice et hommage à ses charmes, mais je n'ai pas su toucher son cœur.

BENOIST, à part.

Tu fus enfoncé, jeune premier.

NARCISSE.

Alors, j'ai dû me retirer; mais rival plus généreux que vous... car je sais qu'un soir, vous m'avez fait siffler.

BENOIST.

C'était par jalousie! (A part. Et puis il était mauvais.

NARCISSE.

Je ne vous en veux pas, et si je vous adresse en ce moment la parole, c'est pour vous sauver d'un grand danger.

BENOIST.

Un danger!.. et lequel?

NARCISSE.

Celui de vous voir ravir une seconde fois l'objet de vos affections.

BENOIST.

O chance!.. comment!.. ce Leblanc!..

NARCISSE.

Il observe... il suit tous vos pas... votre complot n'est plus un secret pour lui... et tout-à-l'heure, je l'entendais parler des mesures qu'il a prises... il ne s'agissait que de vous faire enlever.

BENOIST.

Moi!..

NARCISSE.

Et conduire en prison.

BENOIST.

Moi!..

NARCISSE.

Comme coupable d'un rapt!.. Il s'est entendu avec les agens de police.

BENOIST.

Mais c'est une infamie!.. mais pourquoi donc faire avons-nous un gouvernement, des députés, des ministres et un budget... si un jeune homme comme moi, n'a plus la faculté de disposer de son cœur, et si une fille de vingt ans n'a plus celle de fuir un tuteur, qui abuse de son titre. Mais ça m'est égal, j'aurai une canne.

NARCISSE.

Voulez-vous suivre mes conseils?

BENOIST.

Commandez, homme généreux !.. car, en vérité, je perds la tête.

NARCISSE, à part.

Je l'espère bien. (Il regarde dans la coulisse.) Dieu ! Mme Renard et son époux qui sortent du restaurant. (Haut.) D'abord, éloignons-nous; en restant ici davantage, on pourrait nous espionner.

BENOIST.

Je m'accroche à vous... rival généreux !..

NARCISSE, l'entraînant.

Venez, venez !..   (La nuit commence.

SCÈNE IX.

RENARD, Mme RENARD.

Mme RENARD.

Mon Dieu ! quelle idée tu as eue de m'amener au milieu de la semaine dans ce lieu public.

RENARD.

Il fait une chaleur désagréable, et je tenais à prendre quelque chose avec toi. Vois donc, ma chatte, que ces bosquets sont jolis !.. tu as toujours aimé les bosquets, n'est-ce pas ?

Mme RENARD.

Oui, ils ont leur charme.

RENARD, à part.

La perfide !

Mme RENARD, de même.

J'ai une peur de rencontrer Narcisse... (Haut.) J'espère que nous n'allons pas nous installer ici ?

RENARD.

Tu es donc bien pressée ?

Mme RENARD.

Sans doute... il n'y a à la boutique que notre étalier... cela n'est pas convenant; viens-tu, mon gros ?

RENARD, à part.

Elle va me câliner... la rusée !.. (Avec un geste menaçant.) Hum ! j'ai bien envie... (Sa femme le regarde.) Ah ! dis donc, ma chatte, si je ne partais que demain, pour Poissy ?

Mme RENARD.

Y penses-tu ? et le marché ? pars ce soir, il le faut...

RENARD, à part.

Elle veut m'éloigner... je la gêne.

Mme RENARD.

Pars, mon gros, tu seras plus tôt de retour... je m'ennuie tant quand tu n'es pas auprès de moi.

RENARD.

Sois tranquille, va, à mon retour, je te dédommagerai comme tu le mérites... je vais atteler Lolotte, et puis... en route.

Mme RENARD.

C'est bien ! tu es gentil !

RENARD, à part.

Je t'en donnerai du gentil, si ce que je soupçonne se réalise...

AIR :

Je veillerai de près sur la perfide !

Mme RENARD, à part.

Je vais donc voir finir cet entretien !

RENARD, de même.

Quel noir complot cache cet air candide !

Mme RENARD, de même.

Mon cher époux ne se doute de rien.

(Haut et prenant un ton doucereux.)

Pour me distraire un peu de mon veuvage,
Mes souvenirs viendront à mon secours;
Pensez à moi... surtout soyez bien sage..

RENARD.

Ne sais-tu pas que je le suis toujours ?

ENSEMBLE.

Mme RENARD.	RENARD.
Pour me distraire un peu de mon veuvage,	Pour te distrair' pendant ce p'tit voyage,
Mes souvenirs viendront à mon secours ;	Il faut, ma chatt', penser à nos amours ;
J'suis sûr', mon gros, que vous serez bien sage,	Tu peux êtr' sûr' que je serai bien sage,
Depuis long-temps, oui, vous l'êtes toujours.	Depuis long-temps, oui, je le suis toujours.

(Ils sortent par le fond ; pendant l'ensemble, le garçon est entré, et il dresse le couvert sous le bosquet à gauche.)

SCÈNE X.

LE GARÇON, seul.

En v'là de l'exactitude ! huit heures sonnent et le couvert est mis ; j'espère que M. Narcisse ne se plaindra pas ; c'est un farceur, M. Narcisse, il n'y a rien de remarquable dans son physique, et toutes les femmes en sont folles... c'est le fard qui lui vaut ça !... Je suis laid... moi... Eh ben ! sous le fard, je serais superbe.

SCÈNE XI.

LE GARÇON, NARCISSE, puis BENOIST.

NARCISSE.

Je viens de voir M. Renard, montant dans son tilbury et prêt à partir. Ah ça ! voyons, si le souper... Ah ! bravo ! Auguste, bravo ! je te donnerai pour ta peine un billet de spectacle... avec droits.

LE GARÇON.

Merci, merci, j'aime mieux autre chose.   (Il sort.)

NARCISSE, apercevant Benoist qui entre.

Ah ! c'est bien cela ! exact au rendez-vous !

BENOIST. Il a des habits qui n'ont pas été faits pour lui, et dans lesquels il est au supplice. Suis-je bien ?

NARCISSE.

Charmant, du dernier bon goût !

BENOIST.

En v'là une de couleur pour tromper la police : c'est à vous que je la dois, la couleur... plus les habits... généreux Narcisse.

NARCISSE.

Ne m'appelez pas ainsi.

BENOIST, étonné.

Ah !

NARCISSE.

Ici, je suis... le marquis de Rocambole.

BENOIST.

Diable ! un nom fort distingué !.. O père Leblanc ! si tu t'étais douté que j'avais dans mes manches un marquis... quand je dis dans mes manches... c'est plutôt moi qui suis dans les siennes.

NARCISSE.

Chut ! voici la dame dont je vous ai parlé et que j'attends... ne me nommez pas devant elle.

BENOIST.

J'ai compris...

SCÈNE XII.

LES MÊMES, Mme RENARD.

NARCISSE, allant au-devant d'elle et lui baisant la main.

Enfin, charmante amie, vous avez donc pu vous échapper ?

Mme RENARD.

J'ai cru que mon vilain Cerbère ne me quitterait pas... Ah ! mon Dieu ! vous n'êtes pas seul ?..

NARCISSE.

Rassurez-vous... c'est un de mes amis intimes... le chevalier de... la Tannerie.

BENOIST, à part.

Oh ! oui ! fameux !.. ont-ils de l'esprit ces gens-là !..

NARCISSE.

Ah ça ! profitons des instans de liberté que le sort nous donne...soupons, d'abord.

(Il vont se placer à la table sous le bosquet de gauche, Benoist est au milieu.)

NARCISSE.

Garçon !.. (Le garçon parait.) Un couvert de plus.

(Le garçon apporte un couvert. Pendant ce temps, on entend dans la coulisse un air de contredanse.)

BENOIST, bas à Narcisse.

Dites donc, marquis de... Carambole...

NARCISSE.

Rocambole.

BENOIST.

C'est juste... pardon !.. voilà la première contredanse... et ma Caroline ?

NARCISSE.

Soyez paisible !

BENOIST.

Bon !

NARCISSE.

Soyez donc aimable, auprès de cette dame...

BENOIST.

J'ai compris... (Haut.) Madame, prise-t-elle ?

Mme RENARD, riant.

Grand merci, monsieur !

NARCISSE.

Tel que vous le voyez là, mon ami va tenter un enlèvement.

Mme RENARD.

En vérité ?.. quelque grisette ?

NARCISSE.

Non pas... la fille d'un duc qui ne trouvait pas le chevalier assez riche.

BENOIST, à part.

Fameux, encore !.. (A Narcisse.) Elle est finite, la contredanse.

NARCISSE, bas.

C'est bon... je vous préviendrai dès qu'elle sera dans le fiacre.

BENOIST.

Homme généreux !

Mme RENARD, à Narcisse qui se lève.

Vous nous quittez ?..

NARCISSE.

Non, je reviens de suite... quelques ordres à donner... chevalier, tenez compagnie à madame.

SCENE XIII.

BENOIST, Mme RENARD, dans le bosquet, NARCISSE, CAROLINE, couverte d'un manteau et son voile baissé, s'avance prudemment.

NARCISSE.

Justement la voici !.. (Il s'approche d'elle, à voix basse.) Mlle Caroline !..

CAROLINE, détournant la tête.

Vous vous trompez, monsieur.

NARCISSE.

Non, mademoiselle... il vous attend.

CAROLINE.

Qui m'attend ?

NARCISSE.

Benoist.

CAROLINE.

Benoist !..

NARCISSE.

Après la première contredanse... un manteau écossais... le voile baissé... Il n'est pas là, c'est que votre oncle vous surveille... mais il vous attend, dans la citadine... fiez-vous à moi.

(Après quelques momens d'hésitation, Caroline se décide à suivre Narcisse ; ils sortent par le fond.)

BENOIST.

Ce cher ami !.. il travaille à mon bonheur !

SCENE XIV.

BENOIST et Mme **RENARD**, dans le bosquet. **RENARD**, suivi de plusieurs de
ses garçons armés de grosses cannes

RENARD.

Air de Fra-Diavolo.

Chut!.. du silence,
Plus doucement ;
De la vengeance,
Voici l'instant.

CHOEUR.

Chut!.. du silence, etc.

RENARD.

Voici pour boire après la chose... il s'agit de m'aider à corriger un in-
dividu qui m'a fait... beaucoup de chagrin!

UN DES BOUCHERS, agitant sa canne.

Vous pouvez t-être sûr, bourgeois chagriné, qu'il en aura z-une bonne.

RENARD.

N'avancez que lorsque je dirai, à moi!..

(Il s'approche du bosquet, et écoute.)

BENOIST.

Où est-il allé ?

Mme RENARD.

Ce n'est guère galant de sa part.

RENARD, à part.

C'est bien elle!..

Mme RENARD, minaudant.

Heureusement que vous êtes là... et vous êtes si aimable!..

BENOIST, à part.

Tiens, comme elle a dit ça!.. allons, Benoist, pendant qu'il se sacrifie
pour toi, tu voudrais le... et ta Caroline!.. fi!.. ça serait une lâcheté!..

(Il se recule.)

Mme RENARD, le retenant par la main.

Vous me quittez aussi ?

BENOIST.

Jamais... ma foi, tant pire !   (Il lui baise la main avec force.)

RENARD.

Oh! quel coup!.. (Il entre subitement dans le bosquet.) Ah! je vous y prends,
madame.

Mme RENARD.

Mon mari!..

RENARD.

Suivez-moi!..

BENOIST.

Mais, monsieur...

RENARD.

Insolent!..

BENOIST.

Vous me prenez pour un autre... je ne suis point le marquis de Carambole!..

RENARD.

A moi!.. Venez, madame.

Il entraîne sa femme. Aussitôt, les garçons bouchers font pleuvoir sur Benoist une
grêle de coups de bâtons; ils lui enfoncent son chapeau sur les yeux.

BENOIST, se débattant.

Ce n'est pas moi!.. ce n'est pas moi!..

On accourt, les bouchers se sauvent et Benoist reste entouré des commis et des garçons
de restaurant qui le prennent au collet.)

FIN DU DEUXIÈME ACTE.

ACTE III.

Le foyer des acteurs du théâtre Mont-Parnasse. Entrée principale au fond. Quelques bancs, des chaises en paille. Des quinquets sont suspendus aux murs.

SCÈNE I.

NINI, IRMA, Acteurs, Actrices, en costume de ville.

CHOEUR.

Air : Verse ! verse !

Vite qu'on s'empresse,
Point de paresse,
Car maintenant,
Il faut aller jouer la pièce !
Que l'on s'empresse,
Voici l'instant !

NINI.

Maudit théâtre !.. il ne vous laisse pas une minute de repos.

IRMA.

Ça, c'est bien vrai. J'ai le Mont-Parnasse en horreur !..

NINI.

On n'a pas une minute à soi.

IRMA.

Les études.

NINI.

Les répétitions.

IRMA.

Le spectacle.

NINI.

Les affaires de cœur !

IRMA.

Et celles-là, ne sont pas les moins nombreuses.

NINI.

Sans compter celles que l'on néglige ou que l'on dédaigne.

IRMA.

Ah ! Dieu ! si on voulait !..

NINI.

Oui, mais la raison avant tout. Et pourtant nous ne devons pas nous plaindre... si le métier a ses ennuis, il a aussi son bon côté.

IRMA.

Nous sommes protégées... aidées par le commerce.

NINI.

Adorées par le droit et la médecine.

IRMA.

Nous marquons chaque jour par une nouvelle conquète.

NINI.

Par un nouveau succès...

Air : Ronde des fileuses.

Souveraines des coulisses,
En ces lieux,
Tout cède à nos vœux ;
Croyez-moi, soyez actrices,
Est-il un sort plus heureux !

Dans l'âge de la folie,
Dans la saison des amours,
Jamais la mélancolie
Ne vient obscurcir nos jours,
Le plaisir nous suit toujours !

CHOEUR.

Souveraines, etc.

NINI.

Nous craignons peu le contrôle,
D'un monde trop médisant ;
Nous changeons souvent de rôle,
Plus souvent encore d'amant,
Et c'est le plus amusant.

CHOEUR.

Souveraines, etc.

SCÈNE II.

LES MÊMES, COCO, arrivant par le fond.

COCO.

Voilà ! (4 fois.)
Le vré coiffeur francé.

Bonjour, mesdames.

NINI.

Comment, c'est encore ce petit bonhomme qui va nous coiffer aujourd'hui ?

COCO.

Un peu !

NINI.

Que fait donc, Leblanc ?

COCO.

Oh ! pour l'instant, il est tout à sa nièce.

NINI.

Ah ! oui... cette fameuse débutante ! qui va paraître dans le Postillon de Lonjumeau ! et c'est nous qui en souffrons !

COCO.

Ah ! mon Dieu ! prenez donc garde !.. on sait son métier, mamzelle... (A part.) Je la déteste c'te grande-là ! ça fait sa duchesse, ça porte des tartans écossés, et ça ne paye pas la fruitière. (Haut.) Dites-donc, mamzelle, v'là vot' natte. C'est ça qui fait un crâne effet, de la salle. Dieu ! la superbe chevelure noire, que dit le public !.. J't'en souhaite ! volé !

IRMA.

Il a de l'esprit, ce petit Coco !

COCO, à Irma.

Ah ! à propos ! v'là vos anglaises, à vous ! oh ! les beaux cheveux blonds, que dit toujours le public ! volé ! volé ! archi volé !

IRMA.

Vous êtes un impertinent !

NINI.

Nous vous ferons chasser !

COCO.

Vraiment ! Eh bien ! ça m'est égal... aussi, bien avant peu : je prétends pour jamais, quitter le démêloir.

AIR de la Robe et des Bottes.

Un plus noble désir m'anime ;
Je veux aussi me faire acteur.

NINI.

Vous, un enfant !

COCO.

C'est pas un' frime,
J'en viendrai là, car j'ai du cœur.
Dans c' nouvel art, tout m's'ra prospère,
Je fus coiffeur, c'est là l' fameux :
Et j'éblouirai l' parterre,
En lui jettant d' la poudre aux yeux.

SCÈNE III.

LES MÊMES, NARCISSE.

Il arrive en chantant et en costume du Postillon de Lonjumeau.

NINI.

Vous voilà ?.. c'est heureux !

NARCISSE.

Comment, heureux ?.. (A part.) Gare la grêle !..

NINI.

Vous vous décidez déjà à arriver au théâtre ?

COCO.

Ah ! par exemple, mamzelle Nini, ne calomniez pas notre jeune premier. Si vous-même étiez venue à la répétition aujourd'hui, vous auriez vu que **M.** Narcisse y assistait.   (Narcisse lui fait signe de se taire.)

NINI.

Lui !.. il m'avait dit qu'il n'y viendrait pas !

COCO.

Il a répété avec un soin... un zèle... il enseignait à la débutante toutes les traditions.

NINI, allant à Narcisse qui semble considérer le plafond.

Ah ! monsieur protége la débutante !..

COCO.

C'est lui qui l'a présentée... c'est lui qui...

NINI.

C'est très bien ! comment donc !.. (Elle le pince.) Ça t'apprendra.

NARCISSE.

Nini, est-ce que vous n'allez pas vous habiller, chère amie ?

NINI.

Vous avez peur sans doute, que je ne sois pas aussitôt prête que votre protégée... Narcisse, vous êtes un... suffit... je m'entends !

COCO, à part.

Bon !.. il y aura ce soir, des calottes et des yeux pochés; nous rirons.

IRMA, à Nini.

Viens donc ! nous n'avons plus que cinq minutes !

NINI, à Narcisse.

Si je vous vois lui parler !.. gare à vous !

REPRISE DU CHOEUR.

Vite qu'on s'empresse ! etc.

(Tout le monde sort par le fond

SCÈNE IV.

NARCISSE, seul.

Petit perruquier !.. il faut absolument qu'il fasse des cancans... exciter la jalousie de Nini... lui faire concevoir des soupçons sur ma fidélité. N'importe, si je ménage Nini... parce que... parce que je suis trop bête, pour l'aimer, je veux me comporter gentiment, avec Caroline... Pauvre Caroline!.. Et Benoist?.. ah ! ah ! ah ! il faut convenir que je suis un bien grand scélérat !.. Mais, voici ma protégée et son cauchemar d'oncle.

SCÈNE V.

NARCISSE, CAROLINE, LEBLANC.

NARCISSE, allant au-devant de Caroline, et lui baisant la main. Elle a le costume de Madeleine dans le Postillon.

Vous êtes mise on ne peut mieux ! Avons-nous toujours bien peur ?

CAROLINE.

Je suis plus morte que vive.

NARCISSE.

Il faut pourtant se faire une raison.

CAROLINE.

Je tâcherai. (A Leblanc qui s'est posé devant elle, avec son peigne à la main et qui la regarde attentivement.) Eh bien ! mon oncle, m'en voulez-vous encore ?

LEBLANC.

De plus en plus. Caroline, en montant sur les planches, vous avez méconnu ma volonté suprême. Permettez, cette boucle n'est point à sa place. Vous avez rompu tous les nœuds qui m'attachaient à vous... Cette fleur est mal posée. Eloignez-vous un peu... bien ! à merveille !

CAROLINE.

Vous tenez donc à ce que je sois jolie ?

LEBLANC.

C'est mon devoir.

CAROLINE.

Que vous êtes bon, mon oncle!   (Elle fait un pas vers lui.)

LEBLANC.

Arrêtez!

AIR : Je suis Français, mon pays etc.

De me fléchir, perdez toute espérance,
Et redoutez l'effet de mon courroux,
Rien ne saurait excuser votre offense,
Plus de rapports, désormais entre nous!
Mais loin de moi, si j'exile ma nièce,
Sur ces cheveux, je dois veiller partout,
Car je me dois à l'art que je professe,
Je suis coiffeur, la coiffure avant tout,
Je suis oncle, mais coiffeur avant tout!

CAROLINE.

Mon oncle!..

LEBLANC.

Silence!.. s'enfuir au milieu d'une contredanse... à la pastourelle!.. et vous dansiez avec le sieur Gros-Clou, propriétaire et marchand...

NARCISSE.

Connu, connu!..

LEBLANC.

Il a juré de ne jamais remettre les pieds chez moi... vous voudrez bien en faire autant.

CAROLINE.

Ainsi, vous me chassez!..

NARCISSE.

Ah! M. Leblanc!

CAROLINE,

Ah! mon oncle!..

LEBLANC.

Je ne suis plus votre oncle, si j'ose m'exprimer ainsi.

NARCISSE.

Mais, monsieur!..

LEBLANC, mystérieusement.

Un mot seulement... Je ne la recevrai, désormais, que présentée par un époux.   (Il sort.)

NARCISSE, à part.

Un époux! cela se peut... cela s'est vu... mais... prrt...

SCÈNE VI.
NARCISSE, CAROLINE.

CAROLINE.

Narcisse!..

NARCISSE.

Caroline...

CAROLINE.

Eh bien?

NARCISSE.

Eh bien?

CAROLINE.

Vous le voyez... mon oncle me tient rigueur... il me repousse... et c'est votre faute...

NARCISSE.

Ma faute!..

CAROLINE.

Mais il dépend de vous de me rendre son amitié... Rappelez-vous ce que vous m'avez juré,

NARCISSE.

Je vous ai juré quelque chose?

CAROLINE.

Ah! vous me le demandez!..

Air Partie et Revanche.

A votre honneur, votre tendresse,
Je n'ai pas craint de me fier.
De m'épouser, vous fîtes la promesse ;
Hélas ! pouvez-vous l'oublier ?
Oui, maintenant, voulez-vous le nier ?

NARCISSE.

Vous me jugez mal, chère amie !
J'aimerais mieux, assurément,
Vous le jurer toute la vie...
Que de nier un seul instant.

Mais occupons-nous de choses plus importantes... votre début d'abord... c'est dans un moment... Caroline, nous verrons ensuite.

CAROLINE.

Vous m'épouserez ?

NARCISSE.

Oui, certainement.

CAROLINE.

Sans rire !..

NARCISSE.

On ne rit pas, Caroline, quand on épouse.

SCÈNE VII.

LES MÊMES, NINI, IRMA, FIGURANTES, habillés pour la pièce.

CHOEUR.

AIR : A ce soir.

Nous voici,
Quel ennui,
Il faut paraître,
Et r'paraître ;
Nous voici,
Quel ennui,
Quand est-c' que ça s'ra fini ?

NINI, entrant la dernière.

Ah ! je vous y prends, monsieur.

CAROLINE, à Narcisse.

Qu'est-ce que vous veut cette femme ?

NINI.

Femme vous-même, entendez-vous !.. (A Narcisse en le tirant.) Venez donc par ici.

CAROLINE.

Narcisse, ne me quittez pas.

NINI.

Je vous défends de lui parler.

CAROLINE.

Me défendre !..

NINI.

J'ai des droits sur lui.

CAROLINE.

Comment, monsieur, mademoiselle a des droits sur vous ?

NARCISSE, bas à Caroline.

Elle est folle ! c'est vous seule que j'aime.

NINI.

Vous croyez bonnement que vous ferez la cour à d'autres... sous mes yeux... je vous arracherai plutôt les vôtres !..

NARCISSE, bas à Nini.

Calme-toi, Nini, je t'expliquerai tout ça.

CAROLINE.

C'est une infamie !

NINI.

C'est une atrocité... mais ça ne se passera pas ainsi...mademoiselle m'en rendra raison.

NARCISSE.

Me voilà entre deux feux.

NINI.

Ah ! Est-il supplice égal

Quelle immoralité.

CAROLINE.

Mon cœur est révolté.

NARCISSE, à Caroline

Un peu de patience.

A Nini.) Adorable Nini.

NINI, le repoussant

Non, non, tout est fini,

Mais j'en aurai vengeance !

NARCISSE, à part.

Pour appaiser leurs transports menaçants,

Il faudrait être habile !...

Prendre, d'ici, la lune avec les dents,

Me serait plus facile.

ENSEMBLE.

<table>
<tr><td>CAROLINE.</td><td>NINI.</td></tr>
<tr><td>Quelle immoralité,</td><td>Quelle immoralité,</td></tr>
<tr><td>Mon cœur est révolté,</td><td>Mon cœur est révolté,</td></tr>
<tr><td>J'ai trop de patience,</td><td>Non, non, pas d'indulgence !</td></tr>
<tr><td>Quelle est cette Nini ?</td><td>Pour vous plus de Nini,</td></tr>
<tr><td>Que nous veut-elle ici ?</td><td>Mais ça n'est pas fini,</td></tr>
<tr><td>Ah ! j'en aurai vengeance.</td><td>Et j'en aurai vengeance.</td></tr>
</table>

NARCISSE.

J'ai blessé leur fierté,

Leur cœur est révolté,

Mais de la patience ;

Adorable Nini,

Ayez pour votre ami,

Un peu plus d'indulgence.

A la fin du trio, on entend frapper les trois coups dans la coulisse

COCO, entrant.

Messieurs, mesdames, on va commencer le premier acte du POSTILLON DE LONJUMEAU.

NARCISSE.

Allons, mademoiselle.

REPRISE DE L'ENSEMBLE.

Quelle immoralité ! etc.   (Ils sortent.)

COCO, seul.

Soigné, le POSTILLON DE LONJUMEAU.   (Chantant.)

Oh ! oh ! oh ! qu'il était beau... etc.

Sont-ils heureux ces gaillards-là... Oh ! je donnerais-t'y bien neuf francs, pour être acteur... tiens, j'vas les voir.

(Changement à vue : le décor du 1er acte du Postillon.

SCÈNE VIII.

NARCISSE, CAROLINE.

Ils entrent de côtés différens, s'avancent vers le public, et chantent le duo du Postillon, à la fin du duo, on entend du bruit à la première galerie ; un monsieur entre bruyamment

BENOIST.

Je vous dis que je veux ma place ; ma place est gardée...

UN MONSIEUR, à l'orchestre.

Silence !

BENOIST.

Comment, silence ! je veux ma place...

LEBLANC, paraissant à l'avant-scène des secondes.

Silence donc !

COCO, paraissant par le trou du souffleur.

Taisez donc vos becs !

BENOIST.

Je vous demande excuse, messieurs, mais rien n'est plus déplorable que de se voir souffler sa place... quand on l'a payée... vous n'avez peut-être pas payé les vôtres... non, je veux dire qu'on vous a peut-être donné des billets... mais, moi, j'ai payé la mienne... continuez, comédien... Ah! mon Dieu!.. Caroline!

CAROLINE.

Ciel! Benoist!   (Elle se sauve dans la coulisse.)

BENOIST.

Et le marquis de Carambole!

NARCISSE.

Mais, monsieur, vous troublez la représentation.

UN MONSIEUR, à l'orchestre.

A la porte, le monsieur de la galerie.

LEBLANC, très fort.

Oui, à la porte!

COCO.

Oh! c'te tête!

BENOIST, levant la tête.

Qu'est-ce que c'est que celui-là, là-haut... ce vieux gris-pommelé.

COCO.

Fameux! gris-pommelé.

BENOIST.

Eh! Dieu me pardonne! c'est cet enragé barbier!

LEBLANC.

Oui, c'est moi; et sors à l'instant, où je te coupe la figure.

BENOIST.

Avec votre rasoir... c'est possible... car il est bon que vous sachiez, messieurs, que cet être difforme, écorche ses pratiques au rasoir d'Apollon... ainsi, pères et mères, jeunes gens et jeunes filles, qui m'écoutez... gardez-vous d'aller chez lui!

LEBLANC.

Messieurs, n'écoutez pas cet homme, il est dans un état... il a bu.

BENOIST.

Oh! depuis ce matin, je n'ai pris qu'un léger fruit... un artichaud à la poivrade, et sept cornichons pour un.

NARCISSE.

Mais, monsieur, vous manquez au public.

BENOIST, vivement.

Messieurs, messieurs, ne le croyez pas... mon vœu le plus cher a toujours été... Ah! messieurs...   (Il met la main sur son cœur.)

NARCISSE.

Il ne s'agit pas de tout ça, taisez-vous.

BENOIST.

Oh! taisez-vous!.. j'adore son mot!.. je ne veux pas me taire, moi, j'éprouve le besoin le plus pressant de dire tout ce que j'ai sur le cœur et sur les reins... oui, sur les reins... car les chenapans ont fait pleuvoir sur moi, et à plusieurs reprises, une rosée de coups de triques... oh! mais de triques monstrueuses, destinées à l'usage des animaux plutôt qu'à celui des humains.

NARCISSE.

Qui? qui? qui?

BENOIST.

Les scélérats de chez Tonnelier. Partez. l'orchestre.

NARCISSE.

Comment, l'orchestre?

BENOIST.

Tiens... est-ce que je ne peux pas chanter aussi? dites donc vous, la clarinette... dormez donc pas, mon cher ami... Allez! (L'orchestre donne un accord très élevé.) Non. c'est trop haut. Ah! c'est trop bas. C'est bien, maintenant.

AIR : A l'âge heureux de quatorze ans.

Messieurs, depuis que je fus pris,
Dans cet abominable piége :
Le piége des bosquets... vous savez?
Je suis tout noir, moi qui, jadis
Etais aussi blanc que la neige :

De coups, ils m'ont si bien roué,
Qu'à présent sûrement je gage,
A me voir ainsi tatoué,
On me prendrait pour un sauvage.

COCO.

On aime mieux l' croire que d'y voir.

BENOIST.

Et Caroline? qu'en avez-vous fait?

LEBLANC, à Narcisse.

Je vous défends de donner en public des détails de famille.

BENOIST.

Comédien, je vous défends d'obéir à ce gros difforme... tais-toi, gros difforme!

LEBLANC.

Tu m'insultes!

BENOIST.

Messieurs, messieurs, avez-vous remarqué au Jardin des Plantes, un animal fort gros... décoré d'une bosse fort agréable sur le dos... de deux fort belles cornes sur la tête, et d'un air bête... oh!.. mais bête... à manger des pralines; cet animal, c'est le Bison... Transportez vos regards vers cet avant-scène, vous y verrez une copie exacte du susdit animal!

LEBLANC.

Dieu! si j'avais le bras assez long.

BENOIST.

Silence, Bison!

LEBLANC.

Sortons... sortons...

A L'ORCHESTRE.

Silence!

COCO.

Silence!

BENOIST.

Messieurs, je ne veux pas interrompre plus long-temps la représentation... je sors dans le doux espoir d'anéantir le Bison, avant cinq minutes il sera défunt; vous recevrez à domicile des billets de faire part.

(Il sort ainsi que Leblanc.

SCÈNE IX.

NARCISSE, puis CAROLINE.

NARCISSE, s'approchant de la rampe et faisant les saluts d'usage.

Messieurs, nous allons avoir l'honneur de continuer la pièce que la discussion qui vient d'avoir lieu avait interrompue. La débutante un peu troublée de l'apparition subite du monsieur de la galerie, réclame toute votre indulgence.

LE SPECTATEUR, de l'orchestre.

Bravo!

BENOIST.

Venez, mademoiselle. (Caroline rentre. Allons, remettez-vous.

CAROLINE.

Êtes-vous bien sûr qu'il n'est plus là.

NARCISSE.

Il est sorti... allons, le public nous écoute, à nos rôles... (Il lui prend la main. Chère Madelaine.

SCÈNE X.

LES MÊMES, BENOIST, LEBLANC.

BENOIST, entrant par la droite.

Ah! je vous y prends, mon gaillard!

Il prend Narcisse par la main, le fait pirouetter, et se trouve auprès de Caroline.

LEBLANC, entrant par la gauche.

Ma nièce!.. Caroline!.. (Il saisit Caroline par la main, la fait pirouetter et se trouve auprès de Benoist. Je te défends de lui parler autrement que pour l'injurier.

BENOIST.

Oh! Dieu! oh! Dieu!.. il me vient des idées de meurtre et de carnage!.. défends-toi, bison!

(Il se met en garde comme un homme qui se dispose à tirer la savatte; Narcisse et Caroline les arrêtent; aussitôt tout le monde entre sur le théâtre.)

SCENE XI.

LES MÊMES, NINI, COCO, IRMA, Tout le monde.

CHOEUR.

AIR de Vallace.

Quel bruit épouvantable,
Sortez vite, ou sinon,
La garde, c'est probable,
Va vous mettre en prison.

NINI.

C'est quelque amant.

NARCISSE.

Et tu m'accusais, méchante!

NINI.

De quoi vous mêlez-vous?

NARCISSE.

C'est juste!

BENOIST.

Chère Caroline! je vous réitère l'offre de ma fortune et de ma main.

LEBLANC.

N'accepte pas! je puis encore te pardonner... mais si tu l'épousais, lui, cet être-ci, que voici, que j'haïs!..

BENOIST.

Douze cent livres de rentes et un physique original.

CAROLINE.

M. Narcisse?

NARCISSE, avec empressement.

Mademoiselle.

NINI.

Restez là!

CAROLINE.

Vous voyez que M. Benoist...

NARCISSE.

Comment donc!.. c'est très bien, et le père Leblanc aurait grand tort de s'opposer...

NINI.

De quoi vous mêlez-vous.

NARCISSE.

C'est parfaitement juste!

CAROLINE, en soupirant.

Ah! Narcisse!.. (A Benoist.) Ainsi, monsieur, vous voulez encore...

BENOIST.

Si je veux! si je veux!.. (A Narcisse.) Dites donc... vous me jurez...

NARCISSE.

Oh! fi donc!.. je le jure!.. (Bas.) Elle fait l'admiration de tout le monde... par son talent... sa grace et sa vertu.

BENOIST.

Assez! (Il lui prend la main.) Cher ami!.. (A Caroline.) Je vous épouse!..

LEBLANC.

Mais...

BENOIST.

Consentez, bison, et vous serez béni!

LEBLANC.

Benoist, tu n'es qu'un imbécile!

BENOIST.

Ah!.. il consent!.. j'espère que le guignon cessera de me poursuivre.

NARCISSE, à part.

Il ne t'a jamais joué de plus méchant tour qu'aujourd'hui.

CHOEUR.

Air de Robert.

Enfin, Benoist, de sa tendre constance,
Va recevoir le doux prix en ce jour ;
Son cœur joyeux se livre à l'espérance,
Il n'est plus rien qui manque à son amour !

BENOIST, au public.

Air d'Yelva.

A Caroline, à celle qui m'est chère,
Je vais m'unir, ô moment enchanteur !
C'est grace aux soins de cet ami sincère,
Que je retrouv' tout c' que cherchait mon cœur ;
Maint'nant, messieurs, pardonnez-moi si j'ose,
Vous demander vot' bénédiction,
A mon bonheur, s'il manquait quelque chose,
Ce s'rait vraiment avoir trop de guignon !

FIN.